Katharina Bäcker-Braun

Die 50 besten
Spiele für
Unter-Dreijährige

MiniSpielothek

**Gerne nehmen wir Ihre Anregungen,
Wünsche, Kritik oder Fragen entgegen:**
Don Bosco Medien GmbH, Sieboldstraße 11, 81669 München
Servicetelefon: (0 89) 4 80 08-341

Bibliografische Information Der Deutschen Nationalbibliothek

Die Deutsche Nationalbibliothek verzeichnet diese Publikation
in der Deutschen Nationalbibliografie; detaillierte bibliografische
Daten sind im Internet über http://dnb.d-nb.de abrufbar.

Die Spiele auf den Seiten 13, 22, 31, 43, 56, 57, 61 sind ent-
nommen aus Katharina Bäcker-Braun: Kluge Babys – schlaue
Kinder, Grundlagen, Spiele und Ideen zur Intelligenzentwick-
lung, München 2008.

1. Auflage 2009
ISBN 978-3-7698-1731-7
© 2009 Don Bosco Verlag, München
Umschlag und Illustration: Felix Weinold
Layout: Alexandra Paulus
Produktion: Don Bosco Druck & Design, Ensdorf

Gedruckt auf umweltfreundlichem Papier

Inhalt

Spielen ist Experimentieren
mit dem Zufall.

Novalis

Kleine Kinder
spielen anders

Das Spielbedürfnis von Kindern bis zu drei Jahren unterscheidet sich erheblich vom Spiel älterer Kinder. Kleinkinder beginnen in ihrem Spiel die Welt zu entdecken und ihre Sinne und ihren Geist zu schulen. Dafür brauchen sie einfache, unkomplizierte und klar strukturierte Spiele mit Wiederholungen.

Während für Kinder ab 4 Jahren das Spielergebnis an Wichtigkeit zunimmt, ist bei Kleinkindern die Tätigkeit an sich, das Ausprobieren neuer Möglichkeiten das Ziel. Ältere Kinder lieben Regel- und Gemeinschaftsspiele, die Kleinen bevorzugen es, alleine oder nebeneinander zu spielen. Ein Miteinander im Spiel ist nur in einfachen Formen möglich.

Alle Spiele lassen Raum für altersgemäße Variationen, da sich Kinder insbesondere in den ersten Lebensjahren gemäß ihrem eigenen Tempo entwickeln.

Nahezu alle aufgeführten Spiele sprechen eine Vielzahl von Entwicklungsbereichen an, doch werden bei jedem Spiel jeweils drei vorrangige Entwicklungsbereiche auf die Erlebnisvielfalt hinweisen.

Spiele mit Alltagsmaterialien

 # Klingelstreich

Alle Kinder drehen sich um oder halten sich die Hände vor ihr Gesicht. Dann sucht sich die Leiterin schnell einen Platz im Raum, an dem sie einen Küchenwecker verstecken kann, der vorher auf eine bestimmte Zeitdauer eingestellt wurde. Ein geeigneter Platz kann hinter einem Vorhang, unter einem Schrank oder hinter einer Spielkiste sein. Bevor der Küchenwecker klingelt, ist die Leiterin wieder bei den Kindern und wartet mit Ihnen gemeinsam. Wo wird es gleich klingeln? Klingeln ist immer eine spannende Angelegenheit für Kinder, da es wie ein Alarmsignal wirkt!

Tipp

Dieses Spiel eignet sich auch für Kindergeburtstage!

Variation 1

Ein Kind darf gemeinsam mit dem Erwachsenen einen Platz aussuchen, an dem der Küchenwecker versteckt wird. Beim nächsten Mal kommt dann ein anderes Kind an die Reihe.

Variation 2

Für Fortgeschrittene: Wir lassen mehrere Küchenwecker gleichzeitig klingeln.

Variation 3

Wir lassen mehrere Küchenwecker hintereinander klingeln: Hier stimmen wir die Uhrzeiten im 5-Minuten-Abstand aufeinander ab. Ist ein Küchenwecker gefunden, müssen alle Kinder ganz leise verharren, um rechtzeitig die anderen Küchenwecker zu hören und „startklar" zu sein. Dabei erfahren sie den Unterschied von Bewegung und Ruhe.

Entwicklungsbereiche: Hörsinn, Raumsinn, Motorik

Topfschlagen

Topfschlagen ist der seit jeher beliebte „Renner" auf Kindergeburtstagen. Aber dieses Spiel macht auch sonst, besonders an Regentagen, Spaß!

Wir fragen, welches Kind als erstes spielen möchte. Dann verbinden wir ihm die Augen oder ziehen eine (dichte) Mütze tief über die Augen, nicht aber bei ganz kleinen Kindern.

Ein anderes Kind darf einen Gegenstand unter den Topf stecken. Ein drittes Kind schiebt den Topf ein Stück weg. Jetzt bekommt das Kind mit den verbundenen Augen einen Holzlöffel und krabbelt los, während es mit dem Löffel suchend um sich schlägt.

Die Begriffe „kalt und heiß", wie sonst bei diesem Spiel üblich, sind für kleine Kinder noch nicht verständlich. Daher drehen wir sie einfach in die richtige Richtung, wenn sie sich zu weit wegbewegen. Wir können aber mit Ja- oder Nein-Rufen „anfeuern".

Ist der Topf endlich lautstark getroffen, wird die Augenbinde abgenommen und das Kind darf die nächste Stunde mit dem im Topf versteckten Spielzeug spielen.

Entwicklungsbereiche: Mut, Raumsinn, Ausdauer

Stop and go

Die Leiterin schlägt mit zwei Holzstäben (Kochlöffel, Klangstäbe o. Ä.) zuerst einen langsamen Rhythmus, zu dem sich die Kinder im Raum bewegen. Langsam wird der Rhythmus immer schneller – und die Kinder ebenfalls. Plötzlich bricht der Rhythmus ab. Dies ist das Signal, dass alle Kinder auf der Stelle stehen bleiben müssen.

Haben sich die Kinder an das Spiel gewöhnt, kann man dazu übergehen den Rhythmus in kürzeren Abständen oder an unvermuteten Stellen zu unterbrechen. Die Kinder genießen diesen Überraschungsmoment.

Variationen

Die Aufgabe zum Ende des Rhythmus kann ganz unterschiedlich gestellt werden:

- Alle setzen sich hin,
- Alle legen sich auf den Boden,
- Alle stehen auf einem Bein

oder

- Alle gehen zunächst rückwärts, sobald der Rhythmus erklingt, laufen alle wieder vorwärts.

Hinweis

Rückwärts laufen ist eine wichtige motorische Gleich-
gewichtsübung, die – so Kinderärzte – von zahlreichen
Kindern nicht mehr beherrscht wird!

Entwicklungsbereiche: Rhythmusgefühl, Raumsinn,
Reaktionsvermögen

Glasorchester

Wir füllen gemeinsam mit den Kindern so viel Wasser in Glasflaschen, dass sie unterschiedlich hoch gefüllt sind. Schon das Einfüllen mit einem Trichter macht den Kindern viel Spaß. Nachdem wir die Flaschen in einer Reihe aufgestellt haben, sortieren die Kinder sie nach der Füllhöhe – von wenig bis viel.

Mit einem Holzstöckchen (oder Kochlöffel) schlagen die Kinder dann die Flaschen an und entlocken ihnen Töne. Welche Flasche klingt tiefer, welche höher? Jetzt können wir die Flaschen für eine bestimmte Tonfolge aneinander reihen. Gläser mit Wasser klingen noch schöner. Für kleine Kinder eignen sich dafür stabile Gläser (z.B. Senfgläser).

Variation

Als besondere Attraktion zum Vorführen oder mit wenigen oder älteren Kindern, auch zum Ausprobieren, fahren wir mit einem nassen Finger über unterschiedlich hoch gefüllte, geschliffene Weingläser und lauschen ihrer Musik.

Entwicklungsbereiche: Feinmotorik, Physikalisches Grundverständnis, Musikalität

 Kugelwettlauf

Zuerst bemalen oder bekleben wir Papprollen (z.B. von Küchentüchern) mit Farbe.

Dann setzt sich jedes Kind mit seiner Rolle auf den Boden, stellt sie leicht schräg und lässt kleine und größere Murmeln oder auch Holzkugeln durchrollen. Die Kinder beobachten, wie weit die unterschiedlichen Kugeln rollen. Nachdem sie ein bisschen Übung darin bekommen haben, können sich alle Kinder in eine Reihe setzen und ein Kind nach dem anderen lässt eine einzige Kugel durch sein Kugelrohr rollen, während alle beobachten, wie weit die Kugel rollt, bis sie liegen bleibt.

Am Schluss schauen wir, welche Kugel am weitesten gerollt ist. War es eine Glasmurmel oder eine Holzkugel, eine kleine oder eine große Kugel?

Tipp

Die bemalten Papprohren eignen sich auch als Fernglas und an Fasching für kleine Piraten!

Variationen

- Mehrere Papprollen aneinander kleben und damit kleine Murmeltunnel bauen.
- Die obere Hälfte der Rollen abschneiden, aneinander kleben und die Murmel im offenen Röhrentunnel beobachten.

Entwicklungsbereiche: physikalisches Grundverständnis, Feinmotorik, Beobachtungsfähigkeit

 # Waschtag

Wir legen ein Körbchen mit bunten Wäscheklammern in die Mitte. Jedes Kind nimmt sich eine oder mehrere Klammern und wir betrachten sie gemeinsam. Wie sieht die Klammer aus? Wie funktioniert die Mechanik? Wir probieren gemeinsam den Mechanismus der Klammer aus – wenn ich sie an einem Ende zusammendrücke, sperrt sie am anderen Ende den „Schnabel" auf. Lasse ich das Ende los, schließt sie sich wieder und kann auch etwas einzwicken (z.B. meinen Finger!).

Dann spannen wir eine Wäscheleine auf. Zuerst hängen die Kinder die Wäscheklammern an die leere Leine. Als nächstes dürfen sie als „Waschfrauen und -männer" Puppenkleider aufhängen, abnehmen, neue aufhängen usw.

Variation 1

Wir sortieren die Wäscheklammern nach Farben und bilden gelbe, grüne, blaue Haufen!

Variation 2

Die einfarbigen Haufen werden jeweils einzelnen Kindern oder Untergruppen von Kindern zugeteilt (oder sie suchen sich „ihre Farbe" aus), die dann nacheinander Wäsche aufhängen – eventuell in der Reihenfolge des Farbkreises: erst die gelbe Gruppe, dann die rote Gruppe usw.

Entwicklungsbereiche: Feinmotorik, physikalisches Grundverständnis (Mechanik), Farbensinn

Turmbau zu Babel

Wir sammeln Schachteln in unterschiedlicher Größe: z.B. Schuhschachteln, Schachteln von Kosmetiktüchern, Käseschachteln, Streichholzschachteln usw.
Die Kinder versuchen, daraus gemeinsam einen Turm zu bauen. Wann fällt er um?
Was passiert, wenn ich große und kleine Schachteln in beliebiger Anordnung übereinander staple?
Dann sortieren wir die Schachteln nach ihrer Größe und reihen sie nebeneinander auf dem Boden auf. Jetzt bauen die Kinder einen Turm mit den Schachteln von groß nach klein und beobachten, wie hoch dieser wird. Wie müssen die Schachteln aufeinander stehen, damit die Statik der kleinen Baumeister funktioniert?

Variation

Wir lassen die Kinder die Schachteln ohne Deckel ineinander legen. Welche Schachtel passt in welche?

Entwicklungsbereiche: Physikalisches Grundverständnis (Statik), Grob- und Feinmotorik, Raumsinn

Putzlumpenrallye

Jedes Kind bekommt unter jeden Fuß jeweils einen Putzlumpen und darf damit als „lebender Schrubber" über einem glatten Boden (Parkett, Fließen) rutschen. Wenn die Kinder ein Gefühl für den Bewegungsablauf bekommen haben, geht unsere Rallye los: Es stellen sich jeweils so viele Kinder nebeneinander, wie Platz auf dem Boden ist. Auf ein Zeichen hin setzen sich die „Schrubber" in Bewegung und versuchen, möglichst schnell ein vorher vereinbartes Ziel zu erreichen. Danach kommt die nächste Gruppe. Da die Kinder die Rutschbewegung zunehmend besser beherrschen, macht es ihnen umso mehr Spaß, wenn sie das Spiel länger spielen.

Tipp

Ideal für Kindergeburtstage!

Entwicklungsbereiche: Motorik, Raumsinn, Materialerfahrung

Kopfputz

Jedes Kind bekommt ein Zeitungsblatt auf den Kopf und versucht damit durch den Raum zu gehen, ohne dass es herunterfällt – erst langsam, dann ein bisschen schneller. Als Steigerung versuchen die Kinder, mit ihrem „Kopfputz" auf ein Hindernis (z.B. einen Hocker) zu steigen. Wie lange klappt es, bis die Zeitung herunterrutscht? Und was kann ich noch probieren, damit die Zeitung auf dem Kopf bleibt?

Variationen

- Die Zeitung auf den Rücken legen.
- Zeitungen als Fluggeräte von einem Stuhl herabsegeln lassen und beobachten.

Entwicklungsbereiche: Gleichgewicht, Motorik, Materialerfahrung

Ringesausen

Jedes Kind (oder jeweils zwei Kinder) bekommt einen hölzernen Besenstiel (oder einen Holzstab) und hölzerne Vorhangringe. Zuerst versuchen die Kinder, die Vorhangringe einzeln auf den Stiel zu schieben. Wenn alle Vorhangringe auf den Stiel geschoben sind, wird der Stiel auf den Boden aufgestellt und die Kinder lassen Ihre Ringe von oben nach unten „sausen". Wie schräg muss der Stab stehen, damit sich die Ringe langsam, schnell oder ganz schnell bewegen? Wie klingt unsere „Ringe-Musik" bei welcher Schräglage?

Variation

Zwei sich gegenüber stehende Kinder halten einen Stiel mit Ringen an jeweils einem Ende fest. Dann geht ein Kind langsam in die Knie und die Ringe „rasen" auf seine Hand zu. Danach geht das Partnerkind langsam oder schnell nach unten und wir beobachten die Unterschiede. Was macht mehr Spaß?

Entwicklungsbereiche: Feinmotorik, Körperbeherrschung, Physikalisches Grundverständnis

Spiele mit Naturmaterialien

 Malsteine

Bei einem Spaziergang sammeln wir unterschiedlich große Steine. An einem gemütlichen Platz draußen oder drinnen werden sie bemalt. Wenn wir sie unterwegs bemalen wollen, sind Wachsmalkreiden geeignet, die man gut mitnehmen kann. Für drinnen eignen sich Fingerfarben, da sie kräftige Farben haben und gut deckend sind. Die Kinder bemalen die Steine entweder in einer Farbe und mit unterschiedlichen Techniken (tupfen, blasen, vollflächig bemalen) oder bunt. Danach können wir aus allen Steinen ein Gesamtbild legen.

Variation

Wenn wir Steine haben, die größer als die Kinderhand sind, können wir damit kleine „Steingeschenke" zaubern, indem wir einen Handabdruck des Kindes mit Fingerfarben darauf drucken.

Entwicklungsbereiche: Kreativität, Feinmotorik, Naturerfahrung

 # Steinklang

Alle Kinder sitzen im Kreis. Jedes Kind bekommt zwei Steine. Die Leiterin tippt das erste Kind kurz an der Schulter an und es schlägt daraufhin seine Steine ein paar Mal zusammen, wobei alle Kinder zuhören. Danach bekommt das nächste Kind durch Antippen das Signal, seinen Steinklang auszuprobieren usw...

Wenn alle ihre Steine getestet haben, beginnt die nächste Runde: Ein Kind wird wieder von der Leiterin angetippt und beginnt daraufhin, seine Steine aneinander zuschlagen oder bereits einen einfachen Rhythmus zu klopfen, den es selbst sucht. Das nächste Kind spielt mit seinen Steinen dazu und usw., bis ein ganzes „Orchester" erklingt. Wir horchen, was dabei entsteht, ob sich ein Rhythmus durchsetzt oder genießen einfach den Klang der Steine.

Nach und nach verstummen die Spieler wieder, wenn die Leiterin sie durch erneutes Antippen dazu auffordert, bis auch der letzte Laut verklungen ist.

Zum Abschluss können wir noch einen Berg mit den Steinen aufhäufen und ausprobieren, wann er so hoch oder steil ist, dass der erste Stein wieder hinunterkullert.

Tipp

Bei älteren Kindern kann die Leiterin auch einen Rhythmus vorgeben, und die Kinder versuchen, diesen nachzuklopfen.

Entwicklungsbereiche: Rhythmus, Feinmotorik, soziales Lernen

 # Flaschenzauber

In einer Schüssel wird fein gesiebter Quarzsand (z.B. Vogelsand) mit Wasser verrührt und in Portionen nach Anzahl der Farben aufgeteilt. Dann wird jede Portion mit einer Fingerfarbe (Menge je nach Farbintensität, aber nicht zuviel) eingefärbt. Nach dem Trocknen (z.B. auf einem Backblech) wird er fein zerbröselt und jeder Farbsand in einen eigenen Behälter gefüllt. Jetzt darf jedes Kind mit einem Trichter Sand von allen Farben in ein kleines Fläschchen füllen.
Oder wir gestalten mit allen Kindern gemeinsam ein farbiges Werk.

Material

Quarzsand, Fingerfarbe, Trichter, Gläser, kleine Fläschchen.

Entwicklungsbereiche: Feinmotorik, Farbensinn, Kreativität

Sandbilder

In einem Schuhkartondeckel (oder in einer Käse-schachtel) dürfen die Kinder mit Kleber (z.B. Kleister) ein Muster ziehen: einzelne Tropfen, Striche, kleine Flächen etc.
Danach schütten sie aus einem Behälter (am besten mit Schnabel) feinen Sand auf die Fläche. Auf dem Kleister bleibt der Sand kleben. Der überschüssige Sand wird wieder abgeschüttet. So entsteht ein interessantes Sandbild. Mit kleinen Glitzersteinen oder Glitzersand darunter werden unsere Sandbilder noch interessanter!

Variation 1

- Wir fertigen Sandbilder aus buntem Sand
  (siehe Spiel 13).

Variation 2

- Die Leiterin gibt mit Kleber eine Form (Haus, Fisch u. Ä.) vor, die Kinder schütten den Sand darauf und erkennen nach dem Abschütten des überschüssigen Sandes die Form – ein Bild, wie aus Zauberhand!

Entwicklungsbereiche: Feinmotorik, Konzentration, chemisches Grundverständnis

Kastanienbad

Kastanien sind wundervolle Spielmaterialien – auch schon für die Kleinsten. In eine Wanne werden so viele Kastanien wie möglich gefüllt. Dann darf sich jedes Kind hineinsetzen und in den Kastanien „baden", wühlen und damit spielen. Dabei ist wichtig, dass soviel Haut wie möglich „textilfrei" ist. So können die Kinder sich selbst und ihren „Körperraum" spüren. Frische Kastanien sind durch ihre glatte Oberfläche Fühlobjekte, die unser größtes Sinnesorgan, die Haut, wunderbar anregen.

Entwicklungsbereiche: Tastsinn, Körperraumwahrnehmung, Naturerfahrung

Goldsucher

Eine Kastanie wird mit Goldfarbe angestrichen. Sobald diese trocken ist, wird eine geeignete Schüssel mit Kastanien gefüllt und die „Goldkastanie" als Schatz darin versteckt. Wer entdeckt den goldenen Schatz als Erster? Diese Schatzsuche kann je nach Alter entweder zuerst mit einzelnen Kindern gespielt werden oder gleich in der Gruppe.

Variation 1

Eine Kastanie wird mit ihrer Schale in der Kastanienschüssel versteckt. So müssen die Kinder ganz vorsichtig suchen, damit sie nicht „gepikst" werden (ganz harte spitze Stacheln vorher entfernen).

Variation 2

Mit Kastanien können wir auch Zielwerfen üben, z.B. in die Schüssel, in der später der goldene Schatz versteckt wird.

Entwicklungsbereiche: Tastsinn, Konzentration, Ausdauer

 # Herbstleuchten

Wir sammeln unterschiedliche Herbstblätter: gelbe, rote, größere und kleinere. Dann bekleben wir damit ein weißes oder buntes Papier. Wir können beobachten, wie sich die Blätter von Tag zu Tag verändern, bis sie zu bröseln beginnen und unser Werk „vergeht". Hinter Glas hält sich das Bild dagegen sehr lange.

Variation

Wir fädeln auf eine Schnur bunte Herbstblätter auf und dekorieren unser Zimmer damit. Oder jedes Kind bastelt sich aus einem Band und aufgefädelten Herbstblättern eine eigene Kette.

Entwicklungsbereiche: Farbensinn, Feinmotorik, Naturerfahrung

 Igelspiel

Wir häufen trockene Herbstblätter zu einem Blätterberg auf. Dann darf sich ein Kind in den Blätterhaufen „eingraben" und Igel spielen. Das Kind spielt den Igel, der langsam in seinem Blätterberg in den Winterschlaf fällt und dann wieder aufwacht. Natürlich muss sich der Igel erst einmal kräftig einwühlen in sein Blätterbett, was besonders viel Spaß macht! Wie fühlt sich der Igel im Winterschlaf? Ist der Blätterhaufen gemütlich?

Variation

Die Kinder werfen die Herbstblätter in die Luft und lassen sie wieder auf sich herabsegeln, spüren sie im Gesicht und auf der Haut.

Entwicklungsbereiche: Tastsinn, Einfühlungsvermögen, Naturerfahrung

 # Natur-Kim

In ein Körbchen werden wenige, unterschiedliche Naturmaterialien gelegt, welche die Kinder genau anschauen und reihum befühlen, z.B. eine Kastanie, ein Stein, ein Zapfen, ein kleines Aststück. Nachdem sie die Gegenstände ausgiebig mit ihren Sinnen erforscht haben (anschauen, fühlen, riechen), werden sie wieder in das Körbchen gelegt.

Dann wird ein Tuch darüber gedeckt und – ohne, dass es die Kinder sehen – ein Objekt herausgenommen. Wer weiß, welches Teil fehlt?

Entwicklungsbereiche: Naturerfahrung, Merkfähigkeit, Tastsinn

 # Fühlpfad

Deckel von Schuhkartons werden mit jeweils einem Naturmaterial befüllt, z.B. mit Steinen, Aststücken, Blättern, kleinen Zapfen, Kastanien, Federn. Alle Deckel werden hintereinander zu einem Pfad gelegt. Jetzt können die Kinder barfuss über den Naturpfad gehen und die unterschiedlichen Materialien an ihren Fußsohlen spüren.

Dieser Naturpfad ist natürlich nicht nur für Kinder, sondern auch für Erwachsene sehr anregend!

Variation für Mutige

Sich mit verbundenen Augen über den Pfad führen zu lassen, ist eine noch intensivere Tasterfahrung. Was spüren wir? Erkennen wir das Material?

Entwicklungsbereiche: Tastsinn, Konzentration, Naturerfahrung

Spiele mit Bewegungsmaterialien

Ballonflieger

Mehrere Luftballons werden aufgeblasen und auf ein großes Seidentuch gelegt. Alle Kinder stellen sich um das Seidentuch herum, fassen es am Rand und schwingen es auf ein Kommando (z.B. Luftballon flieg!) gemeinsam nach oben, so dass alle Luftballons hochfliegen (Schwungtücher sind in der Regel für die Kleinen noch zu groß und unhandlich). Dann müssen die Kinder versuchen, die Luftballons wieder „einzufangen", so dass wenigstens einige wieder auf dem Tuch landen, die dann erneut in die Luft geworfen werden. Wenn keine Luftballons mehr „eingefangen" werden können, wird das Tuch auf dem Boden ausgebreitet, wieder mit Luftballons belegt und der Flugspaß beginnt von vorn!
Um Luftballons „einzufangen", müssen die Kinder gemeinsam mit dem Tuch in die gleiche Richtung laufen, was von kleinen Kindern eine große Koordinationsfähigkeit abverlangt.

Entwicklungsbereiche: Motorik, Koordination, Sozialverhalten

 Musikballon

So viele Luftballons, wie Kinder mitspielen, werden aufgeblasen. In jeden Luftballon stecken wir zuvor ein kleines Glöckchen. Dann werden alle Ballons an eine Schnur geknotet, die an einem Ende eines Gegenstandes im Raum befestigt wird (z.B. an einem Regal, am Türgriff – je nach Alter und Größe der Kinder), sodass die Kinder mit ausgestrecktem Arm die Luftballons erreichen können. Am anderen Ende schwingt nun die Leiterin oder ein großes Kind die Luftballonschnur etwas hin und her. Die Kinder versuchen „ihren" Luftballon mit der Hand zu treffen und das Glöckchen darin zum Klingen zu bringen.

Entwicklungsbereiche: Motorik, Hörsinn, Treffsicherheit

 Rollerball

Alle Kinder sitzen mit gegrätschten Beinen in einem Kreis. Die Leiterin rollt nun einen Ball auf ein Kind zu, das seinen Namen nennt, sobald der Ball bei ihm angekommen ist. Dieses Kind rollt nun den Ball zu einem anderen Kind, das ebenfalls seinen Namen sagt.

Sobald alle Kinder ihre Namen genannt haben oder kennen, benennt das Kind, das den „Ball auf die Reise schickt", den Namen des Zielpartners: „Ball, Ball, rolle, rolle zur Sabine" usw...

Wenn die Kinder noch nicht in ganzen Sätzen sprechen können, sagen sie entweder nur den Namen des Spielpartners oder die Leiterin übernimmt dies für sie.

Tipp

Besonders als Kennenlernspiel geeignet!

Variation für Größere

Es wird parallel ein zweiter Ball auf die Reise geschickt, ohne Namensnennung, und eventuell noch einer ...

Spiele *mit Bewegungsmaterialien*

Entwicklungsbereiche: Merkfähigkeit, Koordination, Spracherwerb

 # Zielwasser

Zuerst muss ein Planschbecken „gemeinsam" aufgeblasen werden. Dazu stehen die Kinder rings um das am Boden liegende „schlaffe" oder „schlafende" Becken. Während der Erwachsene die Luftpumpe bedient, blasen alle Kinder bei jedem Hub der Luftpumpe kräftig aus – und „wecken das Becken auf".

Als nächstes werden in einem Korb Bälle bereitgestellt: Tischtennisball, Tennisball, Softball, Kinderbälle in unterschiedlichen Größen, ein Wasserball und eventuell auch ein Fußball.

Nachdem die Kinder die Bälle befühlt haben, bekommt jedes Kind einen oder mehrere Bälle und versucht, diese aus einiger Entfernung in das Becken zu werfen. Der Fußball ist nur für die Kräftigsten bzw. für die Leiterin geeignet. Aber alle Kinder dürfen erst einmal probieren, den Fußball hochzuheben, eventuell auch zu zweit. Dann wird er entweder „per Hand" oder „per Fuß" zu den anderen Bällen befördert.

Wenn alle Bälle im Becken sind, dürfen sich die Kinder in das Becken setzen und im „Bälle-Bad" spielen.

Und natürlich macht auch hier die Wiederholung beim Zielwerfen besonders Spaß – jedes Mal gelingt es ein Stückchen besser!

Entwicklungsbereiche: Lungenfunktion, Materialerfahrung, Motorik

Seiltänzer

Wir legen ein langes Seil durch den Raum. Dann stellen sich alle Kinder an einem Ende des Seiles auf und „balancieren" zuerst einzeln auf dem Seil entlang, anschließend alle hintereinander bis zum Ende. Wer schafft es, bis zum Seilende oben zu bleiben? Danach können „Mutige" das Ganze auch rückwärts oder seitwärts probieren oder sogar dazwischen kurz hoch hüpfen – wie echte Seiltänzer eben – nur ohne jegliche Gefahr, wenn ein Kind neben dem Seil landet.

Variation

Nach dieser konzentrierten Aktion wird das Seil als Schwungseil z.B. am Türgriff festgebunden. Während die Leiterin das Seil langsam schwingt, laufen die Kinder unter dem Schwungseil hindurch – nach der Anspannung auf dem Seil tut Entspannung beim Laufen gut!

Entwicklungsbereiche: Körperbeherrschung, Ausdauer, Konzentration

Reifenball

Jedes Kind sitzt in einem Holz- oder Plastikreifen auf dem Boden. Die Kinder versuchen einen Ball, in geeigneter Größe, vorsichtig an der Innenwand des Reifens entlang zu rollen. Wenn dies vom Alter her noch nicht möglich ist, können die Kinder versuchen, den Ball so vorsichtig zu rollen, dass er möglichst wenig über den Reifen „hüpft". Sollte er „entkommen", wird er wieder „eingefangen", und das Spiel beginnt von vorn.

Entwicklungsbereiche: Motorik, Konzentration, Körperbeherrschung

Rennfahrer

Jeweils zwei Kinder stellen sich gemeinsam in einen Reifen und halten ihn hoch. Dann laufen sie damit kreuz und quer durch den Raum und müssen versuchen, anderen „Rennfahrern" auszuweichen. Klappt die Koordination der „Reifenrennfahrer" einigermaßen, kann ein „Zielfahren" probiert werden: Jeweils zwei Reifen stellen sich nebeneinander auf und laufen auf ein vorher vereinbartes Ziel zu. Welcher Reifen ist der Erste?

Entwicklungsbereiche: Koordination, Raumsinn, Motorik

Tüchertanz

Jedem Kind wird ein leichtes Tuch (Seidentuch o. Ä.) am Handgelenk festgeknotet. Dann laufen die Kinder so schnell, dass das Tuch fliegt. Wenn sie die Arme seitlich halten, fliegt das Tuch am besten (die Kinder selbst entdecken lassen!).
Nach einer Weile des Ausprobierens lassen wir die Kinder zu einer geeigneten Musik (z.B. Klassik oder Folklore) ihren individuellen „Tüchertanz" finden.

Entwicklungsbereiche: Musikalität, Motorik, Materialerfahrung

 Hamsterkönig/in

Jedes Kind bekommt zwei Tücher mit Wäscheklammern an der Kleidung befestigt. Dann stellen sich alle Kinder frei im Raum auf. Auf ein Zeichen der Leiterin hin versucht nun jedes Kind, einem anderen Kind ein Tuch wegzuziehen – ohne ein Kind festzuhalten oder weg zu schubsen – und so möglichst viele Tücher zu „hamstern". Wer wird Hamsterkönig oder -königin?

Hinweis

Dieses Spiel sollte man je nach Alter variieren und z.B. bei kleineren Kindern öfter Tücher nachholen lassen.

Entwicklungsbereiche: Motorik, Soziales Lernen, Frustrationstoleranz

 # Hindernislauf

Wir bauen einen Parcours aus unterschiedlichen Materialien auf: Stühle, Tische, Schaumstoffwürfel, Kriechtunnel, kleine Leitern, Matten.
Der Parcours soll möglichst abwechslungsreich gestaltet sein, sodass die Kinder nach dem Durchkriechen über einen Gegenstand klettern müssen, nach dem Hinaufklettern herunterspringen müssen usw. Der Hindernislauf wird von den Kindern zuerst einzeln durchlaufen, erst dann hintereinander als Gruppe. Kleine Kinder genießen es, ihre Bewegungsmöglichkeiten auszuloten und auch zu erweitern!

Entwicklungsbereiche: Motorik, Körperbeherrschung, Selbstvertrauen

Spiele mit kreativen Materialien

Musikalische Farbenreise

Jedes Kind wird ausgerüstet mit einem Malkittel, einem Blatt Papier und Fingerfarben. Dann lassen wir die Kinder zu klassischer oder folkloristischer Musik malen, mit langsamen und schnellen Rhythmen. Dieses Malspiel macht auch als Gruppenspiel viel Spaß. Mit einem großen Blatt Papier (z.B. Packpapier), um das herum alle Kinder Platz finden, entsteht ein Gruppenbild, das sicher auch als Wandschmuck die Blicke auf sich zieht!

Entwicklungsbereiche: Musikalität, Kreativität, Soziales Lernen

Kunst im Schuhkarton

In den Deckel eines Schuhkartons tropfen die Kinder einige Tropfen an Fingermalfarbe. Dann werfen sie eine Murmel hinein, lassen sie darin rollen, indem sie den Deckel langsam und vorsichtig hin- und herbewegen. Sie beobachten, wie die Kugel ihr Bild „malt". Gibt es einen Unterschied, wenn die Kugel langsam oder schnell rollt?

Die Kinder können auch noch eine zweite oder dritte Murmel hineinwerfen und ausprobieren, was dabei entsteht – ein Farbennetz oder ein Spinnennetz? Was geschieht, wenn die Kugeln zusammenstoßen?

Tipp

Alle Deckelwerke aneinandergereiht ergeben ebenfalls ein schönes Kunstwerk!

Variation

Wenn wir die Kinder anregen, den Deckel mit nur einer Kugel so langsam wie möglich zu bewegen und der

Kugel ganz still zu folgen, entsteht eine meditative ruhige Atmosphäre.

Entwicklungsbereiche: Farbensinn, Körperbeherrschung, physikalisches Grundverständnis

Bunter Durchblick

Die Kinder zerreißen buntes Transparentpapier in kleine Stücke. Dann bekleben sie Transparentfolien (z.B. Overhead-Folien) kreuz und quer damit und erhalten ein buntes durchscheinendes Fensterbild. Sie erkennen, wie sich die Farben verändern, wenn sie übereinander geklebt werden.

Hinweis

Papier zerreißen ist für kleine Kinder eine schwierige feinmotorische Herausforderung, da sie den dazugehörigen Pinzettengriff erst lernen müssen!

Variation

Eine Gruppe von Kindern erhält die Farben gelb, orange und rot, eine zweite Gruppe blau und grün.

Entwicklungsbereiche: Farbensinn, Kreativität, Feinmotorik

Farbenmosaik

Alle Kinder sitzen um ein großes Papier (von einer Papierrolle, Packpapier) herum, das in unterschiedlich große Felder eingeteilt ist: dreieckige, rechteckige, quadratische.

Jedes Kind bekommt Seidenpapier in einer Farbe, zerreißt dieses und knüllt es zu Kügelchen zusammen. Schön ist es, wenn jedes Kind eine andere Farbe erhält. Man kann die Kinder ihre Farbe auch wählen lassen. Jetzt dürfen alle Felder von den Kindern mit ihren Papierkügelchen beklebt werden und es entsteht ein farbenfrohes Mosaik!

Entwicklungsbereiche: Farbensinn, Feinmotorik, Soziales Lernen

Teigschmuck

Salzteig wird ausgewalzt. Dann dürfen die Kinder mit Plätzchenformen jeweils ein Teil ausstechen, in das oben ein kleines Loch gebohrt wird. Nach dem Backen oder Trocknen wird das Motiv mit Fingerfarbe angemalt. Sobald die Farbe getrocknet ist, erhält jedes Teil ein Band und wird so zur Halskette für das Kind.

Variation

Alle Kinder stechen die gleiche Plätzchenform aus und kennzeichnen damit ihre Gruppe (z.B. Sternengruppe) oder es werden mit unterschiedlichen Formen verschiedene Teilgruppen gebildet, die auch für spätere Spiele als Einteilung genutzt werden können.

Entwicklungsbereiche: Feimotorik, Tastsinn, Materialerfahrung

Schlangenleben

Jedes Kind formt aus Salzteig lange „Würste". Dann werden alle Teile zu einer langen Schlange mit einigen Windungen zusammengesetzt. So wird die Schlange abwechselnd dick und dünn. Den Kopf formt ein älteres Kind oder die Leiterin als flaches Dreieck und steckt als Augen zwei kleine Murmeln hinein. Jetzt können wir um die Schlange herum eine Landschaft aus Stecken, Steinen, kleinen Kuscheltieren usw. bauen.

Während die Landschaft gebaut wird, erfinden wir gemeinsam mit den Kindern eine Geschichte dazu: Was erlebt unsere Salzschlange? Wo kriecht sie gerade durch? Worüber freut sie sich oder was ärgert sie? Ist sie auch traurig? Die Geschichte kann auch Situationen aus dem Leben der Kinder aufgreifen.

Entwicklungsbereiche: Feinmotorik, Fantasie, Emotionales Lernen

Leuchtende Kreiden

In einem Viertelliter Wasser werden fünf Teelöffel Zucker aufgelöst. In das Zuckerwasser legen wir Stücke bunter Kreide und lassen sie darin liegen, bis sie sich voll gesogen haben und zu Boden sinken, was etwa nach zehn Minuten der Fall ist.

Die nassen Kreidestücke werden dann auf einen Teller gelegt und los geht's mit der Malerei. Jedes Kind darf jetzt auf seinem Papier die ersten Versuche starten. Da diese Kreide leuchtet und länger haltbar ist, können wir auf einem großen Papier auch gemeinsam ein Wandbild gestalten.

Nach der Malaktion lassen wir die Kreide am besten auf Küchenkrepp trocknen und bewahren sie in einem Schraubdeckelglas auf, damit sie nicht schimmelt. Für eine erneute Verwendung legen wir sie einfach wieder in Zuckerwasser!

Entwicklungsbereiche: Farbensinn, Feinmotorik, Chemisches Grundverständnis

Farbenzauberer

Die Kinder bemalen ihr Papier mit bunten Wachsmal-
stiften kreuz und quer in mehreren Schichten, d.h. auf
das bereits voll gemalte Papier wird mit einer anderen
Farbe die nächste Schicht darüber gemalt und wieder
die nächste usw... Abschließend übermalen die Kinder
ihr Bild mit schwarzer Kreide, sie „decken" ihr Bild damit „zu". Wie können sie jetzt die Farben wieder zum
Vorschein bringen? Die Leiterin zeigt ihnen, wie sie die
Farben wieder „zurückzaubern" können. Mit einer Ga-
bel oder einem Löffel lässt sie die Kinder über ihr Bild
kratzen und schon entstehen farbig leuchtende Zau-
berbilder. Durch die schwarze Deckfarbe kommen die
darunter liegenden Farben intensiver zur Geltung.

Variation

Wir können auch Bilder in Farbfamilien, z.B. Gelb- und
Rottöne oder Blau- und Grüntöne ausprobieren.

Entwicklungsbereiche: Farbensinn, Feinmotorik, Ex-
perimentierlust

Schneeflocke

Auf schwarzem Tonpapier lassen es die Kinder mit wei-ßer Kreide „schneien", d.h. sie tupfen die Kreide ein-fach auf das Papier und fertig ist das Schneebild. Die Kleinen können die Kreide auch mit der ganzen Hand umfassen, wenn der Pinzettengriff noch zu schwierig ist. Wer schon Kreise malen kann (oder etwas Ähn-liches), kann noch einen Schneemann mit Kreide in das Bild setzen. Beim „Schneeflockenmalen" können wir das Lied „Schneeflöckchen, Weißröckchen" an-stimmen.

Entwicklungsbereiche: Feinmotorik, Fantasie, Kontra-sterfahrung

Straßenkreationen

Malen mit Straßenkreide auf Plastersteinen gehört zu den Lieblingsbeschäftigungen auch älterer Kinder. Zuerst malen die Kinder mit den unterschiedlichen Farben und probieren so das Material aus. Danach kann die Leiterin eine Form auf der zu bemalenden Fläche (z.B. auf der Terrasse) aufzeichnen, welche die Kinder ausmalen. Wenn z.B. ein großes Haus aufgemalt wird, können die Kinder „in das Haus gehen", während sie es „anmalen". Die Leiterin kann mit den Kindern gemeinsam überlegen, welche Farben ihr Haus bekommen soll. So gestalten sich die kleinen Maler ihr eigenes Haus!

Entwicklungsbereiche: Fantasie, Feinmotorik, Farbensinn

Spiele mit dem eigenen Körper

 Tierwelt

Die Kinder überlegen zuerst, welche Tiere sie schon kennen: Katze, Hund, Vogel usw...

Dann „verwandeln" sich alle z.B. zuerst in eine Katze. Sie krabbeln auf allen Vieren und miauen oder fauchen und versuchen, mit den „Pfoten" Kontakt zu andern aufzunehmen. Danach gibt der Erwachsene ein Zeichen und stellt die Aufgabe, dass sich alle Katzen in kleine Hunde, in Hasen, Pferde ... verwandeln. Eventuell kommen dazu exotischere Tiere wie Löwe, Elefant, Schlange ..., die auch kleinere Kinder manchmal schon kennen.

Variation 1

Statt Katzen, Hunde, Löwen etc. spielen die Kinder auch gerne Katzenbabys, Hundekinder – also ihre eigene Alterstufe bzw. ein bisschen darunter.

Variation 2

Jedes Kind erhält die Aufgabe ein bestimmtes Tier zu spielen. Dann krabbeln, schleichen, hüpfen, fliegen

Katze, Hund, Vogel und Löwe durcheinander und wir haben einen bunten Zoo!

Entwicklungsbereiche: Motorik, Körperausdruck, Einfühlungsvermögen

Igelwecken

Die Leiterin erklärt vor dem Spiel, dass alle Kinder „schlafen" spielen, dann ein Kind nach dem anderen mit einem Igelball gestreichelt wird und der „Igel" sie auf diese Weise aufweckt. Alle Kinder dürfen den Igelball vorher kennen lernen, ihn befühlen und seine Eigenschaften an ihrem Körper erfahren. Dann legen sich alle Kinder auf den Bauch und „fallen in einen tiefen Schlaf", atmen tief oder schnarchen vielleicht sogar.

Sobald alle ruhig „schlafen", legt die Leiterin dem ersten Kind, später auch allen anderen, zuerst die Hand auf den Rücken und rollt dann mit dem Igelball vorsichtig über den Rücken des Kindes. Das „erwachte" Kind setzt sich auf und schaut den anderen Kindern zu, wie sie „aufgeweckt" werden.

Hinweis

Durch die Vorbereitung wird verhindert, dass die Kinder bei der Berührung durch den Igelball erschrecken.

Variation

Ein waches Kind darf ein „schlafendes" unter Anleitung der Leiterin vorsichtig aufwecken.

Entwicklungsbereiche: Tastsinn, Fantasie, Entspannung erfahren

Guckloch

Alle Kinder stellen sich mit gegrätschten Beinen und ein bisschen Abstand hintereinander auf und schauen durch ihre Beine – ihr Guckloch – zu dem Kind hinter sich. Sobald sie dieses beherrschen, kommt ein Ball ins Spiel. Die Leiterin lässt als Erste einen Ball durch ihre gegrätschten Beine zum ersten Kind rollen. Dieses versucht ihn zum „Hintermann" weiterrollen zu lassen. Sobald der Ball durch den ganzen „Tunnel" gerollt ist, drehen sich alle um und das Spiel beginnt erneut, diesmal aus der anderen Richtung.

Variation 1

Wenn das Spiel mit einem Ball gut funktioniert, d.h. die Kinder die Koordination von Körperhaltung und Handspiel beherrschen, kann die Leiterin in immer kürzerer Abfolge noch weitere Bälle auf die „Reise durch den Tunnel" schicken.

Variation 2

Die Bälle können auch lustige Namen bekommen, die mit den Kindern gemeinsam erfunden werden!

Entwicklungsbereiche: Motorik, Koordination, Konzentration

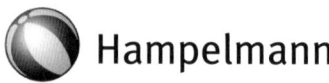 # Hampelmann

Wir singen oder sprechen das überlieferte Kinderlied „O du mein Hampelmann" und bewegen uns dazu wie der Hampelmann.

Zunächst üben wir die Bewegung: Die Kinder stellen sich im Kreis auf, strecken die Arme nach oben und schließen die Beine. Danach stecken wir die Arme seitwärts und grätschen die Beine. Schließlich kehren wir wieder zurück, schließen die Beine und strecken die Arme nach oben.

Sobald die Kinder den Bewegungsablauf einigermaßen beherrschen, singen oder sprechen wir den Text dazu und bewegen uns im Takt des Verses.

Für kleine Kinder ist diese einfache Körperübung eine komplexe Koordinationsaufgabe! Daher erfolgt der Wechsel von geschlossener zu offener Arm- und Beinhaltung sehr langsam.

O du mein Hampelmann
(Arme nach oben und Beine geschlossen),
mein Hampelmann (Arme und Beine offen),
mein Hampelmann (Arme und Beine geschlossen),
o du mein Hampelmann (Arme und Beine offen),
mein Hampelmann bist du
(Arme und Beine geschlossen)!

Entwicklungsbereiche: Motorik, Koordination, Rhythmusgefühl

Himmel und Hölle

Für unsere Kleinen wandeln wir das bekannte Spiel etwas ab: Alle Kinder stehen in einer Reihe hintereinander. Zwei Kinder oder ein Erwachsener und ein Kind bilden mit erhobenen Armen ein Tor, durch das alle Kinder laufen dürfen. Dann verringern wir die Höhe des „Tors", so dass alle Kinder hindurchkrabbeln müssen. Als weitere Aufgabe können sie auf zwei Beinen durch das Tor hüpfen oder auf einem Bein oder sie versuchen, rückwärts durch das Tor zu gelangen. Der Fantasie sind keine Grenzen gesetzt!

Als nächste Stufe wird in unregelmäßigen Abständen eines der durchlaufenden Kinder gefangen, indem wir die Arme schnell senken und um das Kind schließen. Dazu singen oder sprechen wir den Vers: „Wir gehen durch das Tor, wir gehen durch das Tor und fangen uns jetzt den ... (Name des Kindes) davor!

Das eingefangene Kind muss sodann einmal um die ganze Gruppe herumlaufen und stellt sich wieder hinten an. Später können auch andere Aufgaben erteilt werden.

Hinweis

Um die Kleineren nicht zu überfordern, sollten wir immer nur einen neuen Schritt einführen und erst, wenn die Kinder diesen beherrschen, eine neue Aufgabe hinzunehmen.

Entwicklungsbereiche: Motorik, Soziales Lernen, Spracherwerb

 # Flieger

Wir spielen Flieger: Zuerst rollt das Flugzeug – alle Kinder krabbeln und machen brummende Motorgeräusche (brrrr, brrr, brrr). Dann beginnt es langsam aufzusteigen – alle erheben sich langsam in die Standposition. Das Flugzeug beginnt zu fliegen, erst langsam, dann immer schneller – die Kinder heben die Arme seitwärts und beginnen sich langsam, dann immer schneller zu drehen. Wenn sich ein Kind zu schnell dreht und hinfällt, ist das Flugzeug „abgestürzt", darf aber gleich wieder starten, da unsere Flugzeuge nicht funktionsuntüchtig werden.

Alle Flugzeuge müssen darauf achten, sich nicht gegenseitig zum Absturz zu bringen!

Entwicklungsbereiche: Motorik, Koordination, Fantasie

 # Eisenbahn

Vielleicht kennen Sie noch das folgende Spiellied: Töff, töff, töff, die Eisenbahn, wer mitfahren will, der hängt sich an, alleine fahren mag ich nicht, da nehm ich mir die/den ... (Name eines Kindes) mit.

Größere Kinder können wir einzeln abholen und als „Waggons" an den Zug „ankoppeln", für die Kleineren würde das zu lange dauern und sie verlieren das Interesse. Daher wandelnd wir das Spiel für die ganz Kleinen ein bisschen ab: Alle Kinder stellen sich in eine Reihe auf und nehmen sich an den Händen. Die Leiterin geht als Lokomotive (mit entsprechenden Geräuschen) an die Spitze, nimmt das erste Kind an die Hand und geht mit der „Kinderschlange" los, während sie den Liedtext singt oder spricht, aber mit der Abwandlung: „ ...da nehm ich mir alle Kinder mit!" Jetzt geht die Fahrt mal langsam und mal schnell, dann muss der Zug am Bahnhof stehen bleiben (die Bremsen quietschen!), eventuell muss unsere Lokomotive auf einen Berg fahren (über eine leichte Erhebung gehen) oder durch einen Tunnel hindurch (unter einen Tisch oder ähnliches krabbeln) usw...

Die Fahrt immer mit entsprechenden Ankündigungen und Geräuschen versehen, dann macht die „Zugfahrt" den Kindern besonders viel Spaß! Wenn das Spiel öfter gespielt wird, singen die Kinder auch bald mit.

Entwicklungsbereiche: Motorik, Fantasie, Spracherwerb

 Klettersack

Wir legen dem Kind ein Fühlsäckchen auf den Kopf. Damit geht es durch den Raum, ohne dass es herunter fällt. Sobald das Kind dies beherrscht, versucht es mit dem Säckchen auf dem Kopf auf eine Bank zu klettern, darüber zulaufen und am anderen Ende wieder herunter zuklettern. Wenn das Fühlsäckchen herunter fällt, wird es einfach wieder zurück auf den Kopf gelegt und weiter geht der Versuch. Ein Kind nach dem anderen darf mit dem Fühlsäckchen auf dem Kopf „die Kletterpartie" probieren. Bei den ganz Kleinen helfen wir nach und heben sie auf die Bank.

Fühlsäckchen, selbst gemacht

In ein rechteckiges Stück Stoff, das an drei Seiten zusammengenäht ist, werden Erbsen oder Linsen gefüllt, danach wird auch die vierte Seite zugenäht.

Entwicklungsbereiche: Motorik, Konzentration, Gleichgewichtssinn

Kuscheltiertanz

Jeweils zwei Kinder stehen sich gegenüber und bekommen ein kleines Kuscheltier, das sie mit ihren Köpfen an der Stirn festhalten (wie der bekannte Orangentanz). Jetzt gehen sie mit ihrem Kuscheltier spazieren und versuchen, sich langsam so fortzubewegen, dass das Kuscheltier nicht herunter fällt. Bei wem bleibt das Kuscheltier am längsten? Für kleine Kinder ist dies eine große Herausforderung! Wer bestimmt die Richtung?

Entwicklungsbereiche: Motorik, Koordination, Sozialverhalten

Blindgänger

Ein Kind schließt die Augen und wird von der Leiterin langsam durch den Raum geführt, während alle Kinder zusehen. Dann bildet sie Paare oder lässt etwas ältere Kinder selbst Paare bilden, von denen jeweils ein Kind den Blinden spielt und die Augen schließt. Das sehende Kind führt seinen Partner durch den Raum und muss darauf achten, nicht mit anderen Paaren zusammen zustoßen!

Wenn die Kinder für dieses Partnerspiel noch zu klein sind, führt die Leiterin die Kinder einzeln durch den Raum. Alle Kinder stehen hintereinander, die Leiterin holt jedes einzelne Kind ab und bringt es „blind" an das andere Ende des Raumes an ein vorher bestimmtes Ziel (z.B. Turnmatte), wo die Kinder es erwarten.

Hinweis

Bei größeren Kindern können die Augen mit einem Tuch verbunden werden, aber nur wenn das Kind damit einverstanden ist! Kleine Kinder bekommen dabei schnell Angst.

Bei größeren Kindern können Hindernisse aufgebaut werden (z.B. ein Stuhl, ein Schaumstoffwürfel, usw.), um welche die „Sehenden" ihre „Blinden" herum führen müssen.

Entwicklungsbereiche: Raumsinn, Vertrauensbildung, Sozialverhalten

Don Bosco MiniSpielothek
Klein, fein, alles drin

ISBN 978-3-7698-1531-3

ISBN 978-3-7698-1532-0

ISBN 978-3-7698-1533-7

ISBN 978-3-7698-1729-4

ISBN 978-3-7698-1730-0

ISBN 978-3-7698-1731-7

ISBN 978-3-7698-1521-4

ISBN 978-3-7698-1520-7

ISBN 978-3-7698-1522-1

ISBN 978-3-7698-1614-3

ISBN 978-3-7698-1615-0

ISBN 978-3-7698-1613-6